AF254041

RAPPORT

SUR LES TRAVAUX DE

HENRI BREVIÈRE,

DESSINATEUR ET GRAVEUR,

PAR

ALFRED BAUDRY,

PRONONCÉ DANS UNE FÊTE MAÇONNIQUE

Célébrée à Rouen le 16 janvier 1867 par les trois Loges

LES ARTS-RÉUNIS, LA PERSÉVÉRANCE-COURONNÉE ET LA VÉRITÉ

Pour la remise d'une Récompense honorifique
décernée à cet Artiste.

ROUEN,

IMPRIMERIE DE HENRY BOISSEL,

RUE DE LA VICOMTÉ, 55.

1867.

RAPPORT

SUR LES

TRAVAUX DE HENRI BREVIÈRE,

PAR

ALFRED BAUDRY.

C'est une joie, c'est un devoir pour la Maç∴ d'aller chercher pour les honorer les hommes de bien et de talent que la modestie pousse à se dérober à la récompense qu'ils ont justement méritée.

Parmi les artistes consciencieux qui contribuent à jeter dans les masses l'idée du bien par le beau, la Maç∴ pouvait-elle faire un choix plus heureux que celui du Resp∴ F∴ Brevière, que ses talents, son savoir et les services maç∴ les plus signalés désignaient depuis longtemps à nos suffrages ? Je n'insisterai point davantage sur l'opportunité de ce choix, que fera mieux comprendre encore un simple aperçu jeté sur la carrière si laborieuse de l'homme en qui nous récompensons aujourd'hui le mérite doublé d'une éclatante honorabilité.

Il y a déjà plus de cinquante ans, Brevière débutait dans la carrière artistique où le poussait une irrésistible vocation. A cette époque, les commencements étaient durs aux artistes, bien plus durs que de nos jours. Ceux qui embrassaient cette carrière se heurtaient, dès l'abord, à des obstacles insurmontables. Ils étaient plutôt repoussés par la société que traités par elle comme les autres hommes ; le peintre provoquait toujours l'étonnement, et quelquefois même, comme le comédien, le mépris.

Condisciple de Court, Brevière suivit les leçons d'un excellent maître qui dirigeait alors l'Ecole de Rouen, Descamps fils ; mais tout en se consacrant aux beauxarts, il prenait une voie différente de celle de son camarade. Pendant que les séductions de la couleur entraînaient Court vers la grande peinture et allaient le porter plus tard à se mettre sur les rangs pour le prix de Rome, Brevière avait deviné sa véritable vocation : Talent patient et d'étude, observateur profond, il choisissait une branche de l'art plus modeste, mais éminemment vulgarisatrice, la gravure.

Fils d'un tourneur en faïence de Forges-les-Eaux, et n'ayant d'autres ressources que celles que le travail pouvait lui offrir, il s'était mis en apprentissage chez un simple graveur en cachets.

Souvent alors on gravait, pour les manufactures de Rouen, des marques de fabrique, simples lettres d'une assez forte dimension, très grossièrement taillées et dont l'exécution n'avait rien d'artistique ; c'étaient les seules pièces que, sans s'en rendre compte, on eût conservé l'habitude de graver au canif sur bois *debout ;* le reste se faisait sur bois *de fil,* ou mieux, tout se faisait sur métal.

Effectivement, la gravure sur bois, la xylographie autrefois tant en vogue, était depuis plus de quatre-vingts ans tombée sans motifs dans un oubli complet. Après le dernier des Papillon et des Lesueur, ces habiles graveurs Rouennais qui ont fourni trois générations successives, il n'était plus resté de xylographes. On trouverait difficilement, depuis le milieu du règne de Louis XV jusqu'à la fin de l'Empire, des planches sur bois exécutées à cette époque, soit pour un volume illustré, soit pour des estampes détachées, voire même pour des caricatures populaires, si nombreuses pendant cette période agitée par les changements politiques. On gravait tout à l'eau forte ou à la taille-douce ; enfin, en 1815, c'est tout au plus si l'on trouvait encore par tradition, dans un ou deux almanachs imprimés à Metz et à Strasbourg, des échantillons de planches assez grossières faites au canif et sur bois de fil. Ce mauvais procédé était en grande partie cause de l'abandon de ce genre de gravure, attendu que le bois ainsi travaillé n'offrait aucune solidité sous la presse ; la planche s'émoussait, s'écrasait assez vite, et ne pouvait, par conséquent, donner qu'un nombre restreint d'épreuves.

Par intuition, Brevière se demanda s'il ne ferait pas mieux en gravant au burin et sur bois debout. Malgré les conseils contraires du graveur en cachets, il essaya , sa réussite fut complète, car il avait retrouvé tout le secret de la pureté du trait et de la solidité des anciennes planches sur bois, comme il put s'en convaincre du reste lui-même quelques années plus tard, lorsqu'il lui tomba sous la main des vignettes remontant au XVIe siècle. Le jeune graveur, qui n'avait alors que dix-huit ans, ignorait encore , du reste comme tout le monde en France, qu'une vingtaine d'années auparavant, en

Angleterre, un homme de talent, Bewick, avait eu de
même l'heureuse inspiration de remplacer le canif par
le burin.

On était au commencement de la seconde Restaura-
tion, et la première vignette ainsi obtenue par Brevière
lui avait été commandée par Frédéric Baudry, impri-
meur à Rouen. Elle représentait les armes de la ville,
qu'après les Cent Jours il fallait modifier, les fleurs de
lys devant remplacer les abeilles impériales. J'ai
l'épreuve de cette petite pièce conservée et annotée par
F. Baudry, qui avait su voir de quelle importance
seraient en typographie des planches sur bois fines et
en quelque sorte inusables.

Ce détail peut paraître minutieux ; mais, si je l'ai
cité , c'est que jusqu'à présent on a généralement
considéré comme le rénovateur de la gravure sur bois
en France un élève de Bewick, Charles Thompson, dont
l'arrivée à Paris ne remonte qu'à 1817. (1)

Telle est l'opinion d'un homme cependant fort éclairé
sur cette matière, M. A. F. Didot, qui ajoute même,
dans son *Essai sur l'Histoire de la Gravure sur bois* (2),
que Brevière est l'élève de Thompson. Ce sont deux
erreurs qui tiennent sans doute à ce que Brevière vivait
obscur en province et ne travaillait pas encore pour les
éditeurs parisiens ; on peut, au contraire, affirmer que,
pour ses débuts, il n'eut pas de maître.

Brevière ne s'en tient pas là. Frappé du grand nombre

---

(1) Voir l'ouvrage allemand de Nagler , *Neus allgemeines
Künstler-Lexicon (Dictionnaire général des Artistes)* , Münich ,
1835-1852.

(2) *Essai typographique et bibliographique sur l'Histoire de la
Gravure sur bois*. Paris, 1863, p. 282.

de magnifiques planches à plusieurs teintes, que nous ont laissées les XVIe et XVIIe siècles, il continue ses recherches et retrouve les procédés de gravure qui permettent à la typographie d'imprimer sans retouches un dessin à plusieurs couleurs.

Son premier essai dans ce nouveau genre date de 1817 ; c'est un médaillon à trois teintes, obtenues avec deux planches, représentant la tête du Poussin. Il en fit hommage à la Société d'Emulation de Rouen, et le professeur de peinture Lecarpentier lut sur cette petite œuvre un rapport des plus favorables à son jeune auteur.

Vers 1816, un artiste célèbre en Normandie, et qui s'est illustré par son triple mérite de dessinateur habile, de graveur exact et d'écrivain doué d'une originalité rare, Eustache-Hyacinthe Langlois, du Pont-de-l'Arche, venait se fixer ici. Brevière et Langlois, ces deux natures d'élite, s'apprécièrent, et dès ce moment, se lièrent d'une étroite amitié que de nombreux travaux en commun ne cessèrent d'augmenter jusqu'à la mort de notre bien regrettable Langlois. Celui-ci reproduisait sur le cuivre les dessins qui accompagnaient ses œuvres archéologiques et empruntait le concours de Brevière pour la xylographie. En 1817, Langlois publiait son premier ouvrage historique et descriptif, un *Recueil de silcs pris en Normandie.* Cet opuscule fut le début des deux artistes et le premier livre, en effet, dans lequel parurent ces planches sur bois qui devaient plus tard faire si bien connaître Brevière et le fixer à Paris.

En peu de temps, il arrive à diriger avec un égal succès, avec la même facilité, la pointe sur le cuivre et

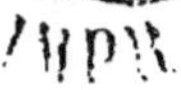

le burin sur le bois. Bientôt on trouve sa signature partout et, depuis cette époque, il est peu de volumes sortis des presses de Rouen qui ne renferment des spé-·cimens charmants de ses œuvres. Tels sont, pour ne citer que les principaux, *l'Hymne à la Cloche*, de Langlois, ses *Essais sur Saint-Wandrille, sur la Peinture sur verre, sur les Danses des Morts ;* les nombreux opuscules de M. De la Quérière sur les divers monuments civils et religieux de Rouen ; les histoires des *Châteaux d'Arques, de Tancarville, du Château-Gaillard,* de M. Deville, et surtout ses *Comptes de dépenses du palais des Archevêques de Rouen à Gaillon,* remarquables par les admirables planches in-folio que Brevière a retracées d'après Androuet Ducerceau et qui ont été publiées exceptionnellement à l'Imprimerie royale par ordre du Ministre de l'Instruction publique.

Tous les genres possibles de gravure lui étaient devenus familiers, et il n'est pas jusqu'à des coins de médailles qu'il n'ait exécutés, malgré les difficultés et la longue habitude qu'exige cette spécialité de l'art. Dans cette enceinte, je ne saurais passer sous silence qu'il est l'auteur des jetons des Loges Maç∴ de Rouen : la *Sincère Amitié*, la *Persévérance*, le *Conseil de 30ᵉ∴*, etc.

Ici, mes FF∴, je cesse pour quelques instants de vous retracer la part que Brevière a prise à la chalcographie dans notre ville pour appeler votre attention sur le rôle tout spécial qu'il y a joué dans l'industrie.

C'est lui qui, le premier chez nous, invente la gravure des figures sur cylindres pour l'impression des indiennes dites meubles et des foulards à sujets. En 1823, à ses risques et périls, — et il était loin d'être riche, — il essaie de graver son premier rouleau, malgré les conseils encore contraires et les difficultés que croient lui démontrer les graveurs et les industriels à qui il communiquait ses idées. Mais il n'écoute rien, continue courageusement son œuvre et ouvre ainsi à l'art de l'impression sur indiennes une voie nouvelle. Il est curieux de rappeler que le sujet de ce premier cylindre représentait Ali Pacha, d'après un dessin alors en vogue d'Horace Vernet, et que c'est chez M. Henri Barbet, à Déville, que cet essai fut tenté et réussi. Est-il utile de rappeler aussi que ce nouveau procédé, que l'on pouvait organiser à peu de frais et dont la marche est des plus expéditives, a définitivement remplacé l'ancienne impression à la taille-douce, dite *planche-plate*, toujours longue et par conséquent dispendieuse; qu'enfin il a pris depuis une importance toujours croissante et fait de Rouen, pour la fabrication des indiennes à personnages, un centre des plus actifs.

Un autre titre de Brevière à la reconnaissance spéciale des industriels est une seconde découverte qu'il fit en 1826, dans l'application du clichage en métal sur un type gravé sur bois. Après bien des tâtonnements et en modifiant l'alliage fusible de Darcet, il avait réussi à composer un métal également facile à fondre, mais beaucoup plus résistant. Puis, par un procédé fort simple de son invention, il trouva moyen de conserver le type, de le reproduire une infinité de fois et d'obtenir ainsi au besoin des planches d'une dimension considérable. Les premiers essais de cette nouvelle impression eurent les meilleurs résultats ; mais au grand étonnement de l'inventeur et des industriels, les polytypages disparurent subitement. Les graveurs attachés aux fabriques redoutant dans cette application une trop grande concurrence à leurs travaux, les avaient fait déloyalement disparaître et tout simplement détruits. Le tout resta quelque temps dans l'oubli jusqu'au jour où parut la première *Perrotine*, qui n'aurait pu prendre son essor s'il eût fallu graver à la main les planches de grande dimension que son emploi nécessite. Effectivement, M. Perrot, alors ingénieur à Rouen, eut recours aux lumières de Brevière et reprit avec lui son procédé de clichage légèrement modifié. C'est à partir de ce moment qu'on put faire les belles impressions à la Perrotine et à la planche dont on a tiré partout un si grand avantage.

En 1833, Brevière trouve une nouvelle application pour l'industrie en découvrant le procédé qui consiste à diminuer ou grandir à volonté la dimension d'un dessin et qui ne servait alors que dans la céramique, à l'ornementation des vases et des services de table, sur lesquels il permettait d'appliquer avec la même épreuve un sujet dans des proportions variées, en rapport avec l'importance des objets à décorer. Une douzaine d'années auparavant, un peintre en porcelaine à Paris, Gonord, avait trouvé un procédé analogue qu'il avait tenu secret. Mais Brevière aimait trop à rendre aux arts de nouveaux services pour ne pas faire connaître le moyen qu'il venait d'obtenir ; Gonord était mort depuis dix ans, et Brevière fit de ses découvertes l'objet d'un intéressant rapport qu'il lut à l'Académie de Rouen. Ce procédé est basé sur la propriété que possède la gélatine de se dilater ou de se contracter dans certaines conditions que notre frère faisait connaître. Aujourd'hui encore, les plus importantes librairies trouvent dans cette application rendue publique un puissant auxiliaire pour orner leurs éditions de gravures de dimensions diverses toujours obtenues avec le même type.

Rénovateur de la gravure sur bois en France, Brevière ne tarda pas à voir sa réputation grandir, et en 1829, il était appelé à Paris par M. de Villebois, directeur de l'Imprimerie royale, où, faute d'artistes et malgré la présence de Thompson, on n'employait pas ce genre de gravure qu'il avait remis en faveur. Etonné de la perfection de ses œuvres, celui-ci lui confia immédiatement les gravures polychromes et en camaieu d'un riche album typographique préparé pour la visite du roi des Deux-Siciles, mais qui ne fut exécuté qu'en partie.

M. de Villebois s'occupait de faire mettre la dernière main à un magnifique ouvrage sur les *Fêtes du Sacre de Charles X* ; les grandes planches séparées en étaient déjà depuis longtemps terminées, et il ne restait plus que les illustrations du texte à faire, illustrations dont le travail s'élevait à une valeur de près de 30,000 fr. En juillet 1830, le Ministre M. de Chantelauze en chargeait également Brevière et lui faisait entrevoir que la décoration de la Légion-d'Honneur serait la récompense de son succès, quand, trois jours après cette entrevue, la Révolution éclata. Si les journées de Juillet furent heureuses pour le pays en lui apportant la liberté, elles furent néfastes pour l'artiste ; naturellement, les ouvrages furent aussitôt contremandés pour ne jamais paraître, et Brevière revint se fixer à Rouen.

Malgré tout, on n'en avait pas moins gardé à l'Imprimerie royale souvenir de son passage, et quatre ans plus tard, le nouveau directeur, M. Le Brun, vint définitivement nous l'enlever en le faisant nommer, par une décision ministérielle, directeur des travaux de gravure de cet établissement.

C'est ainsi qu'il a exécuté lui-même de magnifiques planches et dirigé leur impression en or et en couleur pour la grande *Collection Orientale* qu'avait commandée Louis-Philippe, superbe ouvrage qui compte aujourd'hui huit volumes in-folio ; — pour l'*Expédition des Portes de fer*, que fit publier, en mémoire de son époux, la Duchesse d'Orléans ; — pour l'*Imitation du Christ*, *les Evangiles* et autres spécimens importants de l'Imprimerie impériale, destinés aux Expositions universelles de Paris en 1855, de Londres en 1851 et 1862, etc., etc.

Pendant les trente années qu'il a passées à Paris, son infatigable activité lui a permis de collaborer à presque toutes les éditions de luxe que la typographie a fait paraître, et de former une nombreuse école d'artistes qui, à son exemple, ont mis en grand renom l'art de la gravure en France. Parmi plus de cent ouvrages auxquels il a été appelé à travailler, on doit rappeler notamment *les Evangiles* de Curmer, *l'Ancien et le Nouveau Testament*, le *Discours sur l'Histoire universelle* de Bossuet, *Paul et Virginie*, *les Français peints par eux-mêmes*, qu'a publiés le même libraire ; *la Vie des Peintres*, éditée par Renouard ; le *Voyage autour du Monde*, édité par Hachette ; *les Galeries publiques de l'Europe*, *la Touraine illustrée*, *l'Ancien Bourbonnais*, les *Blasons des Croisades* (catalogue historique du musée de Versailles pour le roi Louis-Philippe) ; le *Magasin pittoresque*, le *Musée des familles*, etc., etc.

En Allemagne, où l'on a toujours beaucoup gravé sur bois, on travaillait encore au canif ; à Munich même, ce centre des beaux-arts de la Confédération Germanique, on ne connaissait point d'autre procédé, jusqu'au moment où deux artistes Bavarois, guidés par Granville, Braun et Roehle, vinrent en 1839 passer une année dans l'atelier de Brevière. De retour à Munich, ils y apportèrent, à leur tour, les perfectionnements xylographiques puisés aux leçons du maître. Roehle est mort au bout de peu de temps et Braun, après s'être longtemps consacré à la gravure pour le compte des éditeurs, est aujourd'hui devenu lui-même un éditeur important. Ce sont, à notre connaissance, les premiers artistes allemands qui se soient initiés en France au travail du burin, inconnu chez eux, et nous aimons à rappeler que le développement actuel de la xylographie en Allemagne doit une grande partie de son origine à l'homme modeste que nous fêtons en ce jour.

Parmi les artistes contemporains les plus éminents, il n'en est guère auxquels Brevière n'ait associé son nom en reproduisant leurs œuvres. Ainsi, pour ne citer encore que quelques exemples dans la pléïade de ces dessinateurs féconds dont la verve étonnante fait rechercher les publications modernes, nous trouvons Brevière collaborateur de Chenavard, Granville, Meissonnier, Dauzats, Decamps, Fragonard, Girardet, Henri Gérente, Français, Tony Johannot, Raffet, Dévéria, Töpffer, Gavarni, Gustave Doré, Bertall et bien d'autres.

Un des derniers ouvrages qu'il a dirigés et qui offre sans contredit le plus haut degré de perfection que la typographie artistique puisse atteindre dans l'impression polychrome est le spécimen des *Musées du Louvre*, exécuté par lui pour l'éditeur Renouard, avec des procédés nouveaux de gravure en relief sur métaux et qui sont entièrement de son invention. En voyant ce chef-d'œuvre, on ne peut que regretter qu'une hésitation de l'éditeur soit venue mettre un obstacle à cette publication colossale qui ne devait pas avoir moins de vingt volumes. Les planches du spécimen de cet ouvrage jettent le défi le plus brillant à ce que la chromo-lithographie a produit jusqu'à présent de plus parfait.

Au milieu de tous ces travaux de gravure, sinon plus sérieux, au moins beaucoup plus nombreux que ceux qu'il a faits à Rouen, Brevière ne laissait point reposer à Paris son esprit inventif ; ainsi, en associant la taille-douce à la gravure en relief, il obtient encore un procédé pour imiter la peinture à l'aquarelle ; comme modèle, il a fait en 1852, pour l'éditeur Plon, un portrait à cheval de Louis-Napoléon, alors président de la République.

Puis il étudie la photographie dans le seul but d'arriver à fixer les épreuves daguerriennes sur les plaques métalliques et à les transformer à volonté en gravure en taille-douce. Mais quand ses essais lui faisaient entrevoir un nouveau succès, lassé des lenteurs et des complications de l'opération, il abandonne tout d'un coup ses expériences, croyant inutile de les continuer devant la concurrence que la lithographie promettait sur ce même point et qu'elle n'a pas réalisée. On cherchait, en effet alors, à fixer directement les épreuves photographiques sur pierre. Devant les spécimens des essais de Brevière, que nous avons eus sous les yeux et qui ne pêchent généralement que par des morsures inégales de l'acide sur le métal, on peut croire qu'avec quelque persévérance sa réussite eût été complète. Aussi regrettons-nous vivement qu'il n'ait pas repris cette tâche, quand nous songeons à l'immense service que cette découverte doit rendre aux sciences et aux arts pour la promptitude et la précision des reproductions qu'elle permettra d'obtenir.

Enfin, un de ses derniers travaux a été fait pour la Banque de France. Il avait proposé à cet établissement des moyens nouveaux propres à prévenir la contrefaçon des billets, et toute son activité s'était opiniâtrement concentrée dans la confection ardue d'un billet qui pourrait défier les faussaires de tout genre. Les moyens qu'il a indiqués ont été approuvés par le Conseil de la Banque et suivis d'un commencement d'exécution ; mais, par suite de difficultés personnelles que Brevière a rencontrées dans la direction de cette œuvre, il a cru devoir se retirer, et le billet de cent francs qui circule actuellement dans le commerce a été exécuté par d'autres graveurs, en partie avec les moyens qu'il avait signalés et que l'on a conservés. Se basant sur cette vérité qu'il y a des charlatans, mais qu'il n'y a point de sorciers, et sachant par lui-même qu'en fait de métier surtout, ce qu'un artiste habile fait, un autre également adroit peut le faire, il avait proposé de combiner dans la fabrication des billets les concours réunis de plusieurs sortes d'arts et de procédés mécaniques pour multiplier les difficultés à opposer aux contrefacteurs. C'est en pareil cas le meilleur système : l'homme n'a point de secrets, la nature seule en a. Puis, il est évident qu'une imitation criminelle devient impossible dès que, pour réussir dans la confection d'un billet frauduleux, il faut appeler à son aide un certain nombre d'artisans expérimentés.

Son œuvre de graveur, en y comprenant les simples vignettes comme les grandes planches, se monte à près de deux mille quatre cents pièces, et il est vraiment extraordinaire qu'au milieu d'une carrière aussi bien remplie, l'artiste ait pu trouver les loisirs d'étudier et de perfectionner toujours une éducation que sa famille n'avait pu lui donner dans sa jeunesse. Grâce à l'amour de l'étude, il s'est vu bientôt au niveau de tous les hommes d'intelligence et de savoir ; puis il a trouvé le temps de participer assidûment aux travaux des sociétés savantes qui l'ont appelé à siéger dans leur sein. En effet, n'oublions pas, Mes FF.·., que jusqu'à son départ de Rouen, il a été, depuis 1823, un des membres les plus actifs de la Société d'Emulation et de l'Académie de notre ville , de la Commission des Antiquités de la Seine-Inférieure , de la Commission pour la conservation des monuments historiques , un des fondateurs de notre Musée d'antiquités , et qu'à Paris encore , il a été nommé de l'Institut historique de France, Vice-Président de la Chambre des arts typographiques dès sa fondation, puis Secrétaire du Comité central des artistes dont il est devenu l'Administrateur général.

A chacune de ces Sociétés savantes il donne des rapports, fait des communications ; les Bulletins de la Société d'Emulation, la Revue des Beaux-Arts, la Revue Artistique et Littéraire les renferment pour la plupart. Dans quelques jours, il va commencer ici, dans un cours public et gratuit, une série de leçons, spécialement destinées aux industriels, *sur le contraste et l'harmonie des couleurs.*

Enfin, nous ne saurions omettre qu'en 1834, après l'Exposition de peinture de Rouen, il a reçu la médaille d'or avec quatre rappels successifs dans les années suivantes; qu'à Paris, en 1839, le jury lui a décerné la grande médaille d'argent à la suite de l'Exposition nationale et que, récemment encore, l'Académie de Rouen lui a remis une médaille d'or comme lauréat, en récompense de son mérite.

Après l'Artiste, vient le Franc-Maçon.

Initié en 1823, le jour même de l'installation de la Loge, au sein de la *Constance*, à l'Or.·. de Darnétal que plus tard il dirige comme Vén.·., il se voit, en 1828, dans la nécessité de la quitter, après une scission fâcheuse qui la mit presqu'en sommeil. Il s'affilie alors à la *Persévérance-Couronnée* qui, plusieurs années de suite, lui défère son premier M.·. jusqu'à son départ, puis le nomme, en 1839 et en 1852, son député au G.·. Or.·. de France. A Rouen encore, nous le voyons parmi les fondateurs du Chap.·. de la *Persévérance-Couronnée*; il en est plusieurs fois réélu T.·. S.·. et fait partie du Conseil et du Consistoire où il reçoit les grades de 30e et 32e deg.·..

A Paris, il débute par le Vénéralat dans la loge la *Trinité* où se rencontrait une charmante réunion d'artistes qui, malheureusement, en 1839, ont fermé leurs trav.·. Il habitait alors Belleville, dont la loge, *le Progrès-Maç.·.*, tient à marcher sous sa direction pendant plus d'un triennat. Revenu à Paris, il reprend une nouvelle activité dans la loge *Jérusalem des Vallées*

Egyptiennes, dont le Chap.·. lui décerne le titre envié de T.·. S.·. honoraire.

Cette simple énumération des titres Maç.·. de notre exc.·. F.·. en dit plus que tous les commentaires , et suffit à faire comprendre l'importance des services si exceptionnels qu'il a rendus à notre Ordre.

Après trente ans de travaux de toutes sortes, assidûment accomplis à Paris , notre resp.·. F.·. est enfin revenu dans la ville qui a vu ses premiers essais , et c'est avec reconnaissance et fierté que nous le voyons nous offrir en échange de notre amitié sincère , de notre dévoùment sans bornes, le concours d'un homme de bien et les ressources inépuisables d'un cœur d'élite et d'un esprit cultivé.

Dois-je vous rappeler ici ses nombrenx discours, tous empreints de la morale élevée qui est la base de la Fr.·.-Maç.·.? Ils sont tous présents à votre mémoire et, si je ne puis en donner ici la nomenclature, permettez-moi seulement de rappeler à votre admiration ses pages éloquentes sur Dieu , sur la recherche de la Vérité, et un des derniers discours qu'il a prononcés en réponse à l'excommunication lancée récemment contre nous.

Cette couronne d'or que nous lui remettons aujourd'hui , à coup sûr nous eussions dû la lui offrir, il y a déjà trois ans, lors de son retour de Paris. Mais, à côté de ce regret , une consolation nous reste : Brevière n'était alors connu et apprécié que des plus anciens d'entre nous ; maintenant les jeunes M.·. ont appris à le connaître, et tous n'en confondront que mieux leurs acclamations en voyant le choix s'arrêter sur un F.·. aussi digne, aussi vénéré.

Recevez donc, T∴ C∴ F∴ Brevière, cette couronne sympathique comme un gage sincère de notre estime et de notre dévoûment. En vous l'offrant, nous éprouvons la satisfaction d'un devoir accompli, et vous en l'acceptant, vous augmentez encore notre reconnaisssance. Et vous nous permettrez d'affirmer une fois de plus cette grande vérité qu'envisageant non point une œuvre d'art isolée, mais l'œuvre entière d'un maître, un M∴ Ill∴, Proudhon, a dite dans son livre du *Principe de l'Art et de sa destination sociale* :

« L'artiste devra' être avant tout honnête homme, et
« d'autant plus honnête homme qu'il sera plus
« artiste.